백년이 지나도

권득용 시집

오늘의문학사

◆序詩◆

5월

오월이 오면
아버지 어머니 생각에
자꾸만 눈물이 납니다

하얀 이팝꽃을 닮은
아내가 안쓰러워지고
보면 볼수록 짠한 마음이 드는
아들 딸 때문에
가슴이 서늘해집니다

이제 건너편 아파트에도
불이 켜진 집은 서넛뿐입니다

컴컴한 저 사각형의 공간속에서도
사람들은 가족들과 함께
행복을 꿈꾸고 있을겝니다

나도 이제 불을 꺼야 합니다
신神이 만들어주신 우리 가족
빛나는 별들을 만나야 하니까요

●●● 차례

2부 백년이 지나도

3부 환경 위기의 시계

4부 간절히 사랑한다면

5부 울돌목 바람소리

1부

가족은 신神이 주신 별이다

할머니

때묻은
세월의 옷깃을
여미며

인고에 저린
발길로 걷어차 보는
현실

차마
욕망은 흘러갔지만

아직도
날개가 있으면
가고픈 마음

에미는

한달음에 달려왔구나
오월 하늘 다 가기 전에
쓸쓸한 망초꽃 피기 전에 에미에게 왔구나
천금 같은 내 새끼
그래 얼마나 보고 싶었는데

초승달 새침한 달빛
접동새 되어 통곡하던 에미
내 울음 탄식이 되어
저녁노을 붉게 물들이면
나도 너희들 곁으로 다가서는 바람이었지만
한 세상 사는 일이
어찌 애틋한 정으로만 살아갈까

진달래 붉게 핀들 내 마음 알까
하얀 싸리꽃 정갈하게 피운 것도
에미의 발원이었건만
내 한 목숨 놓고 나니
인연도 부질없구나
부질없어라 부질없는 일인 걸

에미 노릇 못한 것이
천추에 한이 되어 나는 별이 되었다
숨어서도 빛나는 별이 되어
금쪽같은 내 새끼들
눈물이 되고 기쁨이 되지만
이제는 용서해주거라
에미 마음은 아직도 너희들 뿐이란다

사랑해라
사랑해라
죽는날까지 한 사람이다

학처럼
천년을 살아도
눈부신 사랑이어야 한다

어머니

곱디고운
우리 엄마

고단한 이승
하직할 때

초혼 부르는
저승새

꽃상여
막아서고

북망산천
머나먼 길

하얀 고무신
한 켤레

구성진
요령소리

찬란한
눈물이 되더라

차마 돌아서지 못하고

방을 나서려는데

문득
눈에 띄는
효자손

불현듯
어머님 고운 얼굴이
떠올라

차마
돌아서지 못합니다

박태기나무 꽃 1

천지가 꽃 세상입니다
수 도 없이 다니던 고향길이지만
오늘따라 가쁜 숨을 힘들게 몰아쉬는 당신은
너무 지친 모습입니다

어지럽게 스치는 바깥 풍경이 낯설고
차의 속도가 빨라질수록
주마등처럼 살아온 날들이 흔들리고 있네요

시간 반은 족히 달려 왔습니다
상주 공갈못 휴게소에는
수 십년된 박태기나무가
수천의 분홍색 나비를 닮은
황홀한 꽃을 피우고 있습니다

지고지순한 생명을
가지가지마다 곱게 걸어두었네요

그래요 사람들은 멀리 떠나 있거나
아름다운 경치를 볼 때나

맛있는 음식을 먹게 되면
소중한 사람이 가장 먼저 생각이 나지요
사랑하는 사람이 눈에 밟히는 법이지요

혼자 보기가 아까워
한 걸음도 걷기 힘든 당신을 재촉하여
박태기 꽃나무 아래 마주하니

아버지
당신의 성성한 백발도
눈이 부시는 아름다움입니다

박태기나무 꽃 2

저 박태기 꽃나무도
큰 바람에 더러는 가지가 꺾인 적은 없었을까요
모진 추위에 볼이 얼얼하지는 않았나요
비에 흠뻑 젖어 초라해진 적은 없었는지요
더위에 지쳐 침묵한 적도 있었겠지요

가지 끝에 심어둔 희망들이
비상하던 꿈이
나비의 날개 짓으로 스러지더라도
한시도 생명의 끈을 놓은 적은 없었지요

그래요
아버지 당신의 삶도 그러하셨거늘

나도 당신의 나무에
생명 꽃으로 피어났지만
저 박태기나무 꽃처럼
아름다움도 작은 위로도 되지 못하였네요

그리하여 이 봄날에

바싹 여위신 당신을 폰카에 담습니다

박태기나무 꽃처럼
붉은 당신의 영혼까지도
당신 몰래
내 마음 깊은 곳에 갈무리 합니다

그러나
하염없이 눈물만 납니다
찬란한 슬픔입니다

천번 만번 용서 하소서

아버지
당신이 곱게 키운 아들 딸들이
부메랑으로 돌아온
대학병원 67병동 로비

일순 긴장감이
죽음의 그림자처럼 내려앉고
모두가 침묵합니다

늘 건강하실 줄 알았던 아버지
사는 일이 바빠 남의 일이라고만 생각했는데
눈앞이 캄캄합니다

밤이 이슥하도록
여든의 고령 때문에
삭정이처럼 약해진 심신 때문만은 아니라고
도리질을 하면서

당신의 가쁜 호흡만큼이나
한 숨만 거듭하면서

육신의 아픔은 눈물이 나지만
뼛속까지 침투해버린 암세포들이
당신의 영혼까지도 울릴까

두려워 두려워
비밀스럽게 아주 비밀스럽게
오늘 밤 우리는 공범이 됩니다

언제까지나
당신의 종속변수인 줄 알았는데
당신의 몸 속에서 자라고 있는 암세포보다
몇 천배나 더 간악한 암 덩어리가 되어
당신을 집으로 모십니다
억장이 무너집니다
이제 우리는 당신에게 주홍글씨입니다

아버지 용서 하소서
천번 만번 용서 하소서

아버지, 인연의 아픈 그 이름이여

눈부신 지상의 오월
거짓말처럼 청천난류 휘몰고
제석천님 오시는구나

하늘 길 열어라
하늘 길 열어라

천고 울리는 하늘 소리에
초혼 부르던 저승새
바람으로 숨고

당신의 한 평생을
수직으로 지우는
새까만 적란운
하늘마저 우는데

정해 오월 열여드레
당신은 하늘나라 사람되어
처음 오셨던 길
훠이 훠이 가시고

까마득히 혼절하는 호곡성
아버지
아버지, 인연의 아픈 그 이름이여

아버지의 생일

당신 이 세상 뜨신 후
처음 맞는 생일

여느때 같으면 북적댈
동짓달 초 여드레

모두들 사는게 바빠
오늘은 아내와 둘이 마주하는데
아버지 너무 서운하게는 생각지 마셔요

미역국 끓이고
당신 늘 앉던 자리
가지런히 수저를 놓던 아내
그예 눈물이 나는가 봐요

생시처럼
상차리느라 수고했네
잘먹었네
고맙네 하시며
당신은 환하게 웃고 계시지만

아내도 나도 실어증에 걸린
적막하기만 한 겨울 아침이네요

1520원

도박은
인생의 한 부분이지만

인생은
도박이라는
파스칼의 Paradox

당신 떠나고
이제는 덩그러니 손때 묻은
화투 한 목

십원 동전 마흔 둘
백원 은전 열 하나

살아 생전 이승에서
당신의 행복지수

차마 눈에 밟혀
치우지 못하는 1520원

잔치국수

살아생전
밥 한 그릇을 못 비우셨지만

멸치다시국물 애호박 양파 계란
청양고추 대파를 송송 썰어
찬 물에 헹군 소면에
참기름 한 방울 떨어뜨리면

거기 땀을 뻘뻘 흘리시는
이승의 아버지가 계신다

아버지, 어떡해야 하나요

보름이나 먼저 찾아온 올 추석엔 보름달을 볼 수 없다는 일기예보에 마음 한켠에는 차라리 비라도 쏟아졌으면 하는 고약한 심사가 든 것은 아버지 살아생전에는 당신 앞세워 해마다 가는 성묘길이 언제나 원족 같은 즐거움이었지만 벌써 몇 년째 차례가 끝나면 바쁘다고 말끝을 흐리며 미적대는 아우들 때문에 이젠 고향 찾는 일도 영 글렀나봅니다 마음이 편치 않지만 아내와 아들놈을 재촉해 당신을 만나러 갑니다 하긴 성인군자도 시속時俗을 따르라고 했지만 자꾸만 괘씸한 마음에 부아가 치밀어 아무리 먹고 살기 바쁜 세상이라고 하지만 나이가 쉰이 다 되가는 놈들이 일년에 한두번 제 부모 산소 찾는 일이 그렇게 힘들어 혼잣말을 하는데 아내가 기겁을 하면서 그냥 내버려 두라네요

아버지, 어떡해야 하나요

아들

잎새마다 노란빛의 흔적이
아직도
초록의 세상을 맞이하지 못하고

오월은
네 모습처럼 여린 푸르름이구나
사랑이구나

기림백일시

아가야
하늘 땅
천지간의 만물이며
이 세상 눈이 부시도록 아름답구나

축복이어라
찬란한 눈물이어라

미동조차 하지 않는 생명을
무구한 몸짓으로 기다린
그런 세월이 정녕 바람만은 아니었구나

고품를 더한 인연으로
천마의 기상이었다

푸른 빛 넘쳐 넘쳐
천지개벽하는 생명
하늘의 뜻인 걸

이제사
네 어미 관세음보살 닮아
염화시중 미소하는데

아가야 너의 귀貴함이란
온 세상과도 바꿀 수 없는
소중한 보배로움이지만

착해야 한다
어질어야 한다

그래 그래
숲처럼 나무처럼
하늘을 이고 건강하거라

하늘의 뜻 잃지 말거라

기림아
세속의 사랑이 아니었다
삼천 육백 오십일
하늘의 문 두드려

천상에서
곱게 곱게 빚은 다비드상이
1996년 7월 6일
붉은 서기로
지상으로 내려온 생명

송백처럼
푸른하늘 닮은 열두 해
사랑의 신화 쓰고
희망의 주인 되었으니

아빠는 높은 산 되어
바람을 숨겨 주고
한평생 생명수 되는 큰 강인
네 어미 앞에

기림아
너는 사람사는 세상에
등불을 켜야 하리니

가슴으로
온 마음으로
하늘의 뜻 잃지 말거라

눈물꽃

첫사랑
가을 전설처럼

아비의 절망에 넋을 놓고
아비의 좌절이 안타까워
아비의 상처가 슬픔이 되어
아비의 빈자리가 너무 그리워

오지 말래도
오지 말래도
스물다섯 고운 딸이
물봉선 눈물꽃으로 왔구나

꼭꼭 숨긴 눈물
천지가 되어
불면이 되어 버린 사랑

너는 내 등에서
평생 내려놓을 수 없는
인연인데

우지마라
우지마라
고운 네 얼굴 화장이 진다

하여,
지친 목소리로도 말하지 마라
눈물소리조차 갈무리 하렴

이 세상 하나뿐인 꽃

생강나무
산수유의 노란 유혹
꽃이 될 때

가녀린 웃음이
하도 이뻐

여명이 오는 새벽
하늘비가 온대도

내 뜰에서
꽃을 피우는 아이
꽃을 닮은 아이
꽃이 되는 아이

그래
스물 일곱
아비의 하나뿐인 꽃

2부

백년이 지나도

정영미

내 아내 정영미는
천상에 있어도
좋을 사람이다

천년세월 속에
하늘의 소리를 전하는
아내의 웃음은 용서이다

아내가 빛이라면
나는 그림자였고
잠시라도 떠나지 못하는
바람이었다

I LOVE YOUNG MI

나의 사랑을 고백합니다

스마트폰이 세상에 나왔지만 비상통로가 없는 현란한 문명보다는 전원이 꺼지지 않는 한 당신 목소리 들을 수 있는 아나로그 휴대폰을 고집하는 나의 사랑은 아직도 보수적입니다. '밥 묵었나, 아는, 고마 자자' 하는 무뚝뚝한 경상도 사내에다가 나의 본관은 안동이며, 어릴적부터 몸에 밴 양반 법도에 부모님 모시고 살다보니 맨 정신으로는 당신에게 사랑한다는 말 낯간지러워 해보지 못한 쑥맥, 쉰이 넘은 나이에도 욱하는 불같은 성격, 남들 앞에서는 사람 좋다는 말을 들으면서도 집에 오면 얼음같이 차가운 사람이 되고 마는 나는, 나의 남근이 수직이듯 여태껏 나의 오만한 사랑 앞에 단 한 번도 안전진단을 해 본적이 없는 안하무인이었음을 고백합니다.

허나, 나에게도 한 때는 당신의 달뜬 숨소리에 경락이 불끈 솟구치던 그런 사랑이 있었지요. 이제는 흑백의 실루엣으로 아스라이 다가오지만 술취한 사람들 발자국 소리 멀어지고, 이슥한 새벽녘 하현달이 소리없이 떠오르면, 골목길 문간방에서 내 젊은 심장은 신혼의 당신을 보며 붉은 꽃 송이 송이 울음 토하는 사월의 기막힌 밤, 휘모리 숨 멎는 사랑으로 새잎 돋는 우리의 사랑을 기억합니다. 그러나, 언제부터인가 우리의 사랑은 실종되어 갔고, 바쁘게 살아왔다는 이유로 유괴된 나의 사랑은 환불할 수 없는 세월 앞에 언제나 내 삶의 무대 위에서 쓸쓸한 소품으로 덩그러니 서 있는 당신을 보았습니다.

아득한 눈물이 내 영혼의 불을 끄고 난 뒤, 칠흑같은 어둠 속에서 비로소 나는 당신이 소중한 사람이라는 것을, 내 곁에서 나를 가장 빛나게 해주는 사람이라는 것을 깨닫게 되었습니다.

문득 수빅만의 저녁노을이 보고 싶어 여행을 떠났지요.

여행이란 아름다운 이별을 위해서 떠나기도 하지만, 살아오면서 당신이 섭섭했을 사랑 앞에 나는 나의 사랑을 용서받고 싶어 희끗희끗한 앞머리에 내 속내를 감추고 참 오랜만에 두 손을 꼭 잡았습니다. 손을 맞잡는다는 것은 처음엔 겸연쩍고 어색하지만 말을 하지 않아도 조금 지나 당신의 심장 소리를 들을 수 있습니다. 열대의 꽃들은 나를 닮아 단순했지만 원색의 화려한 꽃들이 열대의 정열로 내 사랑의 본능을 깨우면서 나는 용기를 냈습니다. 눈부신 모래

백사장에 스무살의 철부지처럼 나의 사랑을 새기고 싶었습니다. 당신에게 용서의 프로포즈를 하고 싶어, 에라 모르겠다 하면서 I LOVE YOUNG MI 라고 그것도 대빵으로 크게 썼습니다. 그리고 당신을 불렀지만 내 마음을 훔쳐본 당신은 그저 빙그레 웃기만 합니다. 친구들이 이제야 철이 들었다고 놀리지만, 나는 처음 당신에게 사랑을 고백할 때처럼 얼굴이 화끈거리고 마음이 설레였습니다.

I LOVE YOUNG MI가 이 세상에서 가장 아름다운 수빅만의 저녁노을이 되고 있었습니다.

아내 1

그래
생명이 있는 것들은
모두 아름답지만

평생토록
나를 울렁이게 하는
꽃

아내는
이끼고
참나리다

아내 2

나는 집에 오면
손가락 하나 까딱하지 않으면서도
욱하는 성미가 있어
그냥 웃고 넘어갈 사소한 일에도
불같이 화를 낸단다

나는 성질도 더러워서
언제 꽁꽁 얼어붙을지
펄펄 끓을지 알 수 없어
처음에는 머릿속이 하얀해지도록
겁도 나고 무섭기도 했단다

그러나 이제는 용쓰는 일보다
제 풀에 죽는 경우가 많아
그런 나를 아내는 측은해한다

법화경

아내가 부처를 만들고 있다

내 생각으로는
내가 제1의 부처이다
아들이 제2의 부처가 된다
딸이 제3의 부처가 되지만

어쩌면 아내의 부처님은 아들일 게다

당신만이 나의 사람이다

지상의 사랑이 꽃을 피우는 건 당신 때문이다

당신을 만나기 전까지
날 수 없었던 나는
외눈박이 비익조

붉은 달 지고나면
분분한 꽃잎들
하나 둘 떨어지고

서러움에 겨운 내가
하염없이 아득한 눈물 될 적에
신神은 내게 별을 만들어 주셨다

하늘의 별이 아니라
내 영혼의 불을 끄고 나서야 볼 수 있는 별
당신이 내게로 온 것이다

허투루 말하지 마라
하늘에 있던 또 하나의 비익조

이미 까마득한 세월의 인연이었거늘
천둥소리에 놀라는 사랑이 아니어라

당신은 기품 가득한 금강송이다
지고지순한 학이다
정갈한 조선의 정경부인이다
우린 푸른 달빛에도 일렁이는 사랑이다

어찌 천상의 사랑만이 아름다우랴
당신이 금쪽같은 당신이
다시 내 영혼의 불을 지핀다
사랑의 화인을 찍는다

당신만이 나의 사람이다

아내의 사랑은 리필된다

커피를 배부르기 위해서 마시는 건 아니다
커피향이 좋을 때나
혹은 긴한 얘기를 하거나

사랑하는 사람과
오랜 시간을 같이 할 때
리필하는 커피는 향기롭다

백화점이나 홈플러스에 리필은 지혜이다
돈을 아끼고 소비를 억제하며
환경을 보호하는 미덕이다

그리 흔치는 않치만
음식점에서도 양이 조금 부족할 때
리필이 된다

그래 삶이란
부족함을 채우는 일이다
넉넉함으로 행복해지는 일이다

스물다섯 해를 살아온 아내이지만
아직도 여린 녹색

그렁그렁 눈물 가득한
착한 사람이다
따뜻한 가슴을 가진 여인이다

내 사랑의 언덕배기에서
아침마다 내 등을 닦으며
지고지순한 사랑을 빚는다

강물 위에 빛나는 윤슬로
내 영혼을 일으켜 세우는
천상의 바람

오늘도 아내의 사랑은
천년의 향기로 리필이 된다

천생의 연이라 해도

눈꽃이 피려면
하늘이 울어야 하리

쏟아지는 백설은
지척 사랑일 뿐

바람 맺은 눈꽃은
향기롭지가 않다

그런 사랑이라면
커피 한 모금에

쉬이 그대 곁에
다가설 수 있지만

천생의 연이라 해도
어찌 바람 부는 날이 없으랴

이제 그대의 별이 아니고

윤칠월 백중날
나의 하늘에는 오작교가 만들어졌다

나는 이제 그대의 별이 아니고
그대가 나의 하늘이 되었다

지상으로 내려 앉은 나
한줄기 바람으로 서성이면

그대는 아름답게 반짝이는
수천의 별이 되어

삼백육십오일
멈추지 않는 사랑이다

하루도 그대를 만나지 못하는 건
내 사랑의 순교이다

백년이 지나도

나는 당신의 텅빈 하늘에
빛나는 별은 커녕 비바람이었어요
진눈깨비였어요

처갓집 말뚝보고 절을 한 적도 없었어요
처갓집 일보다 우리집 챙기느라
한 번도 당신에게 잘해드린 적이 없었네요

그냥 손님이었지요
이방인이었지요
무심한 사람이었어요
참 못난 놈이었어요

용돈 몇 푼 드린 것으로
사위노릇 다 한 것처럼 생색만 냈네요

백년이 지나도
공소시효가 끝나지 않을
불효 앞에

아내가 울고 있어요
착한 당신의 딸이 오열을 하고 있네요
덩달아 가슴이 싸 하네요

우리가 살아간다는 것은

옥빛 한복 곱게 입은 영정 앞에서
눈물조차 한 조각 빛으로
살아나는 찰라
슬프다고
나는 말하지 않으리

우리가 살아간다는 것은
개망초가 꽃을 피우듯
혹은
한가로운 수꿩의 달뜬 목소리가
고요를 깨뜨리는 일이겠지만

오늘, 나는 정지된 시간 앞에 잠시 머물고 있다

깨어진 얼굴이면 어때서요

한 목숨 놓는 일이
무에 그리 급하시던가요

당신이 짓다만 밥
아직 온기 가득한데

지척에 가두어진 외로움 얼마나 깊었으면
마지막 가시는 길
얼굴이라도 한 번 보여주시지
깨어진 얼굴이면 어때서요

어차피 당신 한 평생
곱게 분단장한 세월은 아니었잖아요

외로움의 끝은 어디였나요

부모와 같이 산다는 게 흔치 않은 세상
사방 벽에다 옹기종기 걸어놓은
아들 딸 사위 손주 사진이 위로가 되었을까만은

그래도 비수 같은 젊은 날들 곰삭히다
한숨 소리 커지면
담배 한 대 피워 물고
이슥하도록 TV소리 키워 놓았을 당신

어쩌다 한 번
천금 같은 새끼들 우루루 모였다가
썰물처럼 빠질 때도
눈물은 보이기 싫어
슬픔도 외로움도
단아하게 여미신 당신
그런 당신 외로움의 끝은 어디였나요

허투루 생각했지요
그냥 남의 일이라고만 생각했어요
그러나 당신 떠나보내고 난 뒤

이제는 호사스런 옛일이 되고 말았네요
허망한 일이 되고 말았어요

아내가 말했어요

쳐다보면 볼수록 눈물 쏟아질
당신 영정 앞에서

서른다섯 해 혼자 살아온 당신의
젊은 날들이 서러운가 봅니다

엄마가 아닌
여자의 한 평생이 아픈가 봅니다

아내가 말했어요
옹알이 하듯

우리 엄마
참 · 멋 · 쟁 · 이 · 였 · 는 · 데

환경 위기의 시계

지구온난화

속지 마라

이제는
아무도 어찌할 수 없는
누구도 말릴 수 없는

난봉꾼의 바람

환경 위기의 시계

오후 9시 51분

자정까지
남은 시간은
2시간 9분 뿐

북극의 눈물 닦아 줄 이는?

아무도 나를 먹지 않는다

나의 뼈는 중금속 덩어리다
나의 혈액은 유해물질 칵테일이다
나의 인육은 이상한 맛일게다
식인종도 나를 먹지 않는다
나는 판매 금지된 생태계 독성물질이다

세상에 먹을 것이 없어졌다

생태맹

그렇잖아도
바쁜 세상

그까짓 나무 새 꽃 물고기 벌 나비
흔해빠진 풀이름 하나쯤 모른다고
세상이 어찌되는 건 아니겠지만

멀쩡한 내가
어쩌다 자연의 귀머거리가 되고
말 못하는 벙어리가 되고
보고도 모르는 청맹과니가 되었는지

세상이 혀를 찰 노릇이다

소 방귀세

이런 고약한 일이 있나

내가 뭘 잘못했어
지구 온난화가
내 방귀 때문이라고

꽃등심 안창살 아롱사태 갈비에다
막창 곱창
너도 좋아했잖아

그런데
방귀세라니
개 풀 뜯어 먹는 소리하고 자빠졌네

에라
구제역이라도 창궐하는 세상
꿈 꿀까 보다

별을 보게 해줘

밤 하늘 별은 금싸라기 야생화야

내 스무살의 사랑도 그러했겠지만
별도 달도 따다 준다던 순정한 사랑을
우리가 오랫동안 잊고 지낸 건
휘황찬란한 밤 때문이었을거야
슬픈 약속이었어

나와 공범이 된 도시는
할로겐 램프와 LED로
하늘을 한숨도 재우지 않고
고문을 시작한 거야

어쩌다 별들은
밤에 보채는 아이처럼 칭얼대다가
제 풀에 잠이 들지만
한 번도 빛나지 못했어

참 어처구니없는 밤
낮인 줄 알고 돌아다니다

항로를 잃은 철새들과
알에서 깨어난 바다거북새끼들이
육지로 기어오르면
매미들은 왜 그렇게 울어쌓는거야

이제 어떡할거야
제발 부탁이야
잠시라도 불을 꺼줘
별을 보게 해줘

나는 지금이라도 밤하늘 별을 따다 줘야 해

처서가 지났는데도

여름밤 멍석 깔고 모깃불 피우면
저만치 달아나
옛 이야기 엿듣던 그 놈들이

처서가 지났는데도
입이 비뚤어지지 않고
극성스러운 건

지구가 온난화되어
도시열섬과 실내 난방이 잘된
인간의 문명 때문이지

게다가
요즈음 모기들은 아파트를 선호해
엘리베이터를 타고 다니며
아파치 헬기처럼 사정없이 공격하는 거야

그러나 모기에게
화를 내는 건
모기 눈깔 요리를 탐하는 것과 같고

이 가을
사랑을 하고 난 모기들은
이제 월동준비가 필요하지 않지만

모기의 뱃속에서부터
부활하는 공룡
호박에 갇힌 쥬라기를 꿈꾸는 거야

고뿔

으실으실하다

소태나무 한 그루로 서 있는 겨울이 지독하다
내 몸 속을 빠져 나오는 금속성 소리
발가벗은 바이러스는
탐욕의 재채기 숨길 수 없어
마찰음을 내고
꼴깍 꼴깍 침 삼키는
뱀파이어의 선홍빛 입술이
끈적이는 애액을 온 몸으로 쥐어짠다

거친 호흡이다
펄펄 끓는 신열에
단내가 입안 가득하다

내 몸의 겨울 풍경은
직립하지 못하는 열엿새 밤에 뜨는 달
하늘이 빙빙돈다
진저리를 치며 어미의 젖을 뗀지 이미 오래이다

어질어질하다

글쎄, 깜빡했어

사람들은 누구나 유혹에 약한 법이야

우리는 늘 고상한 척 살아가지만
돈 많은 사람들을 부러워하기도 하지

왜 나라고 해서
루이비통 구찌 샤넬로 몸치장하고
빨간색 페라리에
수영장 딸린 하얀 별장을 꿈꾼 적이 없었겠어

물질문명은 대량소비가 미덕이고
자본주의는 풍요가 선이라고 하잖아

달콤한 유혹의 씨앗들이
우기를 만난 나무들처럼 쑥쑥 자라기 시작한 거야
내가 악마의 종자였어

글쎄, 환경이 오염되는 것을 깜빡했지 뭐야

앉아서 오줌누기

객쩍은 소리라고 하지 마라

일탈의 배설이
환경을 살리는 일이라면
앉아서 오줌 누는 일이
뭐 그리 대수인가

시원하지야 않겠지만
지청구 듣는 것 보다야
훨씬 속편한 일인 걸

아들아
너도 앉아서 쉬하거라

꽃향기가 없다

하찮은 쥐똥나무 꽃에도 다정하던 사람

선홍빛 넝쿨 장미를 보며
아름답다고
너무 이쁘다고
눈물을 쏟을것만 같던 아내가

요사이 꽃들은
향기가 예전보다 덜한 것 같아요
벌 나비도 도통 볼 수 없는 걸요

어쩌면 꽃향기가 벌 나비를 부르는 게 아니고
벌 나비가 사라져
꽃의 향기가 덜 한지도 몰라

여자가 사랑하는 남자를 위해
곱게 화장을 하듯
꽃이라고 해서
아무 때고 늘 향기로울 수는 없지

벌 나비는
환경오염에 농약에 이상기후에
또는 매연에 찌들어
생명을 잉태하지 못한다네
사랑을 할 수 없지

사랑할 수 없는 세상은
향기로울 수가 없는 게야

대장암 걸린 눈사람

새들이 하늘을 비운 뒤

나보다 먼저
벌거벗은 겨울나무 위로 눈이 온 거야
그것도 펑펑 쏟아진 거야
사십년도 훨씬 오래된
내 유년의 몽정기 때처럼
속수무책으로

나는 아찔한 현기증으로
백치의 여자에게 오르가슴을 훔쳐
내 DNA를 쏙 빼 닮은
배불뚝이 눈사람을 만들었어

그런데 그런데 사흘이 지났어
간빙기가 온다는 영하 20도의 추위에도
바람을 피해 나온 햇살에
내가 무너지기 시작한 거야

삼분의 일이 절단 나버린
내 몸의 세로 횡단면도는 끔찍했어
글쎄 대장암 세포가 온 몸에 전이되이
가시처럼 까맣게 촘촘히 박혀 있었지
기가 막혀 말을 할 수가 없었어
세상에 어떡하면 좋아

동정녀처럼 순결한 눈이 아니었어

수빅만은 지구온난화의 동영상이다

스페인의 몰락이후
백년만의 추위를 피해
입춘에 잠시 다니러 온 나는
그렇다고 치지만

한 때 잘나가던 친구가
사랑하는 아내와 아이들
고향을 버리고 도망쳐 온 것은
나쁜 놈이라고 욕을 먹어도 쌀까

우리가 비겁한 탕자가 된다는 것은
제 목숨을 담보로 부도낼 수 없는
삶의 망명객이기 때문이다
하여 필리핀은 고단한 아픔이 되고

사정없이 태양이 내 등을 쪼고 있는 사이
화급히 마중나온 멜라닌이 화상을 입으며
죽음의 색으로 돌아가고 있는 순간에
나는 귀향을 꿈꾸고 있지만

수빅만의 하늘은 지구온난화의 동영상이 되고 있었어

에베레스트 설산으로 빛나다가
킬리만자로 만년설이 되어 녹아내리다가
북극의 빙하로 산산이 부서지면서

멜라민

무에 그리 놀랄 일이던가

영혼도 없는 그 놈에게 선과 악을 마스킹시키고 황금알을 낳는 거위를 꿈꾼 게지 결국 돈이 되는 감쪽같은 욕망들이 무성영화처럼 긴장을 하는 동안에도 아무도 황금소의 자궁을 들여다 보려고 안달한 적이 없었어 이불을 뭉게면서 나도 꿈을 깨고 싶지 않았거든

그런데 죽지 않는 생명이 이 세상 어디 있겠어

무량대수로 빛나는 황금을 먹어버리고 살아남지 못할 생명이 되었을 때쯤에야 세상이 악다구니를 시작한 거야 사람들은 벌써 돈이 되는 일이라면서 부피를 키우고 영양소 수치를 극대화시키면서 비밀스럽게 저주스런 수음을 해버리고 말았는데 천벌을 받는데도 거짓말처럼 폐륜아가 되어버린 게지

어디 돈맛을 안 게 멜라민뿐이던가

쉿! 조용해

아! 큰일이구나

낙똥강 한깡 껌강 엌신강 긴이 쪼그라든다
강물은 흘러야 한다며
청계천에 물 조금 흘려 놓고서
사람들이 모여든다고
그럴 순 없지

내가 언제 죽어가고 있었어
내가 죽으면 너희들도 다 죽어
너희들이 뭘 안다고 나를 살린다는 게야
허튼수작 하지마
그냥 내버려둬

내 자궁 속에는
아직도 소중한 생명들
아름다운 세상을 꿈꾸고 있어

쉿! 조용히 하는 거야

하얀 농약 뒤집어 쓰다

대서大暑가 지난 용전동 산 1번지

얼기설기 엮은 텃밭 울타리를 기어오르는 호박 넝쿨이 온통 하얀 농약을 뒤집어쓰고 있다 병이라도 났는 걸까 그래도 그렇지 호박 농사를 짓는 것도 아니고 서너 포기 심은 것이 뭐 그리 대단하다고 하긴 사람도 아프면 약을 먹든지 병원엘 가야 하는데 저 놈이 저렇게 줄기차고 무성하게 보여도 병이 났다면 어쩔 수 없지만 호박 넝쿨 옆을 지날 때마다 매캐한 농약 냄새가 진동하여 한 마디씩 하는 거야

내용인즉 아들 덩굴 더듬이와 연한 잎들이 나오기가 무섭게 감쪽같이 따가는 통에 여태 호박꽃 몇 개뿐이라며 거품을 물던 주인이 오죽했으면 농약을 뿌려댔겠느냐고

하긴 그려
아픈 마음은 같은기라
병이 나서 아프거나
속상해서 마음이 아프거나
약을 써야 하는 것은 매일반이지만

왠지 각박한 세상 인심을 보는 것 같아 씁쓸한 웃음이 나오는데

그래도 어쩔꺼나 꽃도 아니라고 못생겼다고 해놓고선 똥구멍으로 호박씨 까는 사람들 제 주둥이 입맛 돋구려고 뽀글뽀글 끓는 된장이나 호박잎 쌈 싸먹는 게 더 급해 남의 농사 망치는 것은 안중에도 없는 걸

어릴 적 우리 아버지 똥장군 한 짐지고 나서시면서 호박 거름에는 인분이 최고지 그래야 암꽃을 많이 피워 호박이 주렁주렁 열린다고 하셨는데 요즈음 사람들 그걸 알기나 해

딱한 노릇이지만
그래도 하얀 농약을 뒤집어쓴 채
용케 허공으로 몸을 곧추세우는
어미 덩굴손이 참으로 가상한 아침이었어

산성비

닻을 내릴 수 없어
늙어버린 내 유년의 종이배
캄캄한 복개천으로 숨어버리면

뱃살 두께만큼
알카리성으로 채워지는 세상
하늘이 지척에 내려온다

나의 육식성도 배설할 수 없어
홍수로 넘실대면
이제 천둥소리도 무섭지 않다

색도 냄새도 없는
저 순수의 덩어리가
저주스런 도회의 비가 된다고

요즘 세상
친정어머니 부음에
머리 풀어 우는 광경을 볼 수 있을까

대전에서 오시는 빗물이 PH4 라도
그까짓 대수일 수는 없지

내 삶의 리트머스 종이는
처음부터 붉은색이니까

낙지 머리

그려,
누운 소도 낙지 한 마리면 벌떡 일어섰다지

적어도 2010년 9월 13일까지는
까만 먹물이 정력에 좋다고
오늘 밤 힘 좀 써볼꺼라고
연포탕 앞에 남정네들은 입부터 양기가 올랐지

그러나 이를 어쩌나
카드뮴이 무엇인지도 모르는 사람들에게
낙지의 머리도 대가리도 아닌 내장 속에서
카드뮴이 스무 배나 초과되었다고
나노과학은 명명백백 밝혔다

카드뮴이 아주 무서운 놈이라는 걸
살짝 부딪치기만 해도
뼈가 으스러진다는 이따이이따이병*이
낙지 머리로 유령처럼 되살아났다

무서운 줄 모르고 몸에 좋다고

다른 사람보다 재빠르게 골라먹었던
낙지 대가리가
아 그랬었구나

그래도 아직 나는 멀쩡하게 살아가고 있지만
갑자기 어디가 아파오는 것처럼 찝찝하다

어디가 아프냐고 물으면 대답할 수가 없다
가슴이 아픈가 싶으면 머리가 아프고
그래 아픈 것만큼 세상도 시끄럽다

무안뻘 낙지 잡는 사람들도
목포 세발낙지 식당들도
서울시도
식약청도
나처럼 머리가 아플 게다

* 이따이이따이병 : "아프다 아프다"라는 의미의 일본어에서 유래된 것으로, 일본 도야마 현의 진쯔강 하류에서 발생한 대량 카드뮴중독으로 인한 공해병을 말한다.

문자메세지

— 환경호르몬 1

첫 눈 오는 날

숨겨 놓은 여자에게 보내야 할
문자메세지가
아내에게 가버렸다

참 낭패스러운 일이다

혼인빙자간음

— 환경호르몬 2

가당치 않은 일이겠지만

아직도
혼인빙자간음이 유효한 것은

사랑도
불륜도
한 뿌리라고
기망하는 세상 때문이다

좌장지座藏之

— 환경호르몬 3

하긴, 요즘 같은 세상에도 고약한 질문이겠지만

일찍이 이항복이
거시기의 유래를 퇴계 선생에게 여쭈었더니
남자의 것은 서 있으면 잘 보이지만
앉으면 감추어진다고
좌장지座藏之라 했겠다

400년이 지나
환경호르몬에 함몰되어버린 장藏지
붉으락 푸르락
달아오르지 못하고

오늘도 용을 쓰고 있다

수컷이라 해야 하나

— 환경호르몬 4

로데오타운 4층 사우나
쬐끔한 남자 아이들이
르느와르 그림에서 뛰쳐나오고 있다

팔자걸음에
처녀가슴보다 큰 젖통이
황금이슬 머금어
B컵 브래지어도 작을 성 싶은데

출렁이는 뱃살아래
앉아도 서 있어도
퇴화된 주름살 흔적으로
보이지 않는 고추

아, 그래도 수컷이라 해야 하나

고얀 놈

— 환경호르몬 5

다이옥신, PCB, 벤조피렌, 말라치온
비스페놀A, DDT, 퓨란, 스티렌다이머

허. 이놈들 봐라

나는 잘 알지도 못하고
근처에 가지도 않았는데
내 Bar-code를 해석해버리고
나를 리모델링하네

진짜처럼
내 주인 행세를 하는
고얀 놈들

어깃장을 놓거나
— 환경호르몬 6

1ppm이란 백만 개의 사과 중에 썩은 사과 한 개를 먹는 일이다

아리스토텔레스는 남녀의 성교를 통해서만 새로운 생명이 탄생된다고 말하였지만 금단의 열매를 도둑질 하고 난 뒤 실성해진 내 영혼이 때도 시도 없이 나를 감쪽같이 속이거나 어깃장을 놓거나 뻥을 치거나 훼방을 놓다가도 수가 틀리면 나를 트렌스젠더로 만든다

나는 신종 플루백신보다
아직은 내 정자수가 충분한지 알아봐야 한다

그래도 내 안의 나를 제어할 수 없다

스무살의 청춘

— 환경호르몬 7

어찌할꺼나

나의 정자보다도
더 늙어버린

거짓말 같은
저 스무살의 청춘들을

간절히 사랑한다면

사랑이란

여보게
사랑이란

절지 동물의 더듬이를
조용히 닮는 일이며

우화되는 새 생명의
오감을 깨우는 일이라네

러브레터 1

그래요
그대 사랑을 하기 전에는
캄캄했던 세상이었지만

내 안에 그대 있다면
나는 아무래도 좋습니다

이름 없는 들꽃이면 어떤가요
못생긴 나무로 서 있어도
그대 위해 건강한 숲이 될 수 있다면

거센 바람에도
뜨거운 햇빛 아래서도

천년의 언약은
더 큰 사랑이랍니다.

러브레터 2

그대는
차가운 겨울밤에도
내 가슴에 곱게 뜨는 별이지요

영롱함으로 빛나는 그대
천상의 빛은
이토록 아름답기만 한데

거짓말이래도
당신만을 사랑한다고
가슴 찌릿한 사랑의 말을 꼭 해야겠네요
내 사랑은 그대뿐이라고

아니 하늘의 소리로
천년을 약속드리지요

그대는 이 세상에서
하나뿐인
나의 별이라고

미치지 않고서야

전등불 켜듯이
찰칵하는 순간 이루어지는 것이
사랑이 아니라면

사랑한다고 말을 하는 순간
빛에 노출된 인화지처럼
모든 것이 사라진다 해도

미치지 않고서야
어떻게 사랑한다는 말을 할 수 있니

만약,
내가 당신의 보호색이 될 수 있다면
평생 지극한 그리움으로 남는 사랑보다는
욕심 사나운 사랑이라도

그대 창가에
오래도록 스러지지 않는
사랑이라고 불러도 좋을

별 하나로
뜰까

그래, 별이 빛나는 건 바람 때문이야

사랑합니다 그대를 사랑합니다

아침이면
온 몸을 숨기고 싶도록 유치하더라도
꼭 한번 눈부신 사랑을 하고 싶어

그대에게는
키보드 하나만으로 쓴 러브레터는
보내지 않으렵니다

수없이 많은 밤들을 뒤척이며
썼다가 또 지우고
다시 고쳐 쓴 사랑

그대만을 위한
내 영혼의 향기이니까
진실이니까

이제는 세상 밖으로 부쳐 보내니
하늘이여
아름다운 사랑이게 하소서

그리하여 제대로 된 사랑 앞에
나는 하얀 눈꽃을 닮은 사랑으로
그대 위해 순교하리니

혹여 그대
어머니의 빈 가슴 같은 겨울이 왔다고
바람소리조차 아프게 하지는 마소서

그대는 나의 첫사랑
그대는 나의 생명이니까
오로지 사랑해야합니다

우리 사랑
때로는 짐스럽거나
부담스러울 때가 있더라도
물너울로 넘치는 바람이
세상을 어지럽히더라도

그대 위한 사랑

하늘의 뜻임을 잊지는 마소서

아직은 여록의 새순이지만
그대 행복을 위해
아름다운 세상을 위해
날마다 분여광처럼
내 영혼의 러브레터를 쓰겠습니다

사랑 합니다
사랑 합니다
그대를 사랑 합니다

이제는 당신이다

남들 쏘는 모습
맞는 모습만 내내 바라보다
내게 큐피트가 있다는 사실마저 잊은 세월

이제 꽃이라고 부르지 마라
향기라고 말하지 마라

그대 위한 사랑
이미 하늘의 뜻인걸

이제는 당신이다
큐피트야 일어나 쏴라

간절히 사랑한다면

언제 받고만 살았던가

받으려고만 하지 말고
서로 주고받고 하는 거지

내 마음 나도 알 수 없어
생각 같아서는 옴짝 달싹 못하게
내 곁에 두고 싶은 게 사랑이지만
가당찮은 일이지

아닐쎄
간절히 사랑한다면
줄게 더 많을 거야

나도 꽃이 되리

이 가을
하얀 구절초가
그대라면

나도
꽃이 되리

붉은 울음으로
그대 그리워 하는 꽃

무릇꽃으로
그대 영혼 유혹하여

이 세상
함께 죽어도 좋을 사람이
그대라면

꼭 한번만
눈부신 사랑을 하리

선화공주

무슨 소리니 선화공주야
너는 잘못한 게 없어

진평의 셋째 딸이 아니면 어때
이제 와서
백제의 사랑이 아니라고 말하지 마

흑단머리 찰랑이며
맛둥서방님* 밤에 몰래 품던 날
할딱이던 사랑
푸른 달빛마저 흔들었는데

달솔*과 조복이 죽은 전장터
아직도 백제 부흥군을 꿈꾸는
황금 족제비 한 마리
가만히 생각하건대
선화공주 바로 너였어

그래
순정한 가시나의

천사백년 로맨스가
신기하게도 타임캡슐을 타고 온 게야

* 서동(백제 무왕)
* 백제 부흥군의 장수

붉은 울음이라도 해야겠네

요염한 장미꽃을 훔쳐보다가
슬픔처럼 그대 얼굴 떠올랐다네

푸른빛 고스란히
그대 가슴에 안겨
오월의 산하에 쓰러질 사랑이여

언제
그대 가슴에
화인 하나 새겼던가

한번이라도
그대 사랑
혼절시킨 적이 있었던가

부끄러워라
부끄러워라

하여
붉은 울음이라도 해야겠네

사랑이 죽었다 1

재화가 용불용설 진화를 결정지을 때
섹스는 이미 절대적인 사랑이 되었다

내 안에 가둔 짐승 한 마리
그믐밤 섬뜩한 눈빛으로 일어서면
무간지옥 진혼곡으로
사랑의 조문객을 맞는 클락*

내 몸뚱아리 유일하게
살아있는 것이 꿈틀거리면
찰나의 사랑도
설렘의 꽃무늬 그리는가

화들짝 놀란 데킬라
단 한번 욕정으로
손끝 경매 시작하고
세 개의 콘돔이 기다리고 있었다

* 필리핀 수빅만 근처에 있는 도시 한인교포 1만 여명 살고 있음

사랑이 죽었다 2

Peace St*에 사랑의 조종소리 울리면
막 부패가 시작된
푸르뎅뎅한 죽음의 색으로
여자 냄새가 진동한다

가슴을 헤집고
끌어안고 빨고
꼭지가 간 달러들이 미쳐 날뛰고 있다

내 안에 가두어 놓았던 짐승 한 마리
덩달아 미친 척하면
확확 달아오르는 아드레날린

가슴 숭숭 뚫린 하룻밤 사랑에도
몸살을 앓는 오르가슴
얼굴 숨길 수 없음에
나의 생식기는 절망 한다

환경호르몬에 노출되어
우리를 뛰쳐나간 나는

이제 수컷이 아니었다

나의 천착에 이미 사랑이 죽었다

* 필리핀 클락의 환락가. 평화의 거리

꽃향유

가을이 오기 전까지
그대는

이별을 한 사랑이 아니라
잊혀진 사랑

하현달이 지고 나면
끝내 쏟아지는 눈물

그래 바람으로 흩어질
하찮은 사랑이라지만

켜켜이 새긴 정
지극한 그리움

하늘에 닿아 화려한 단층
꽃탑으로 피었으니

다정한 가을이여
벌 나비 불러

내 영혼 씻김 굿 벌릴 때

눈에 보이는 사랑
보랏빛 향기만을
탐하지 마라

살아있는 것은
다 한 목숨이거늘

사람들아
그대 사랑
먼저 눈 닦고 볼 일이다

이끼

저 작은 것들 좀 봐
파란 하늘을 닮고 있네

바위
나무
흙

거기, 생명의 자궁 열어놓고

하늘 아래
그대가 어머니가 되고
우주가 되고

누구라서 보잘것없다 하는가
이미 그대 삶에 이끼가 되어버린 나

울돌목 바람소리

우드랜드 파크

나뭇잎과 줄기가
한 몸처럼 구분이 되지 않는 시간

우드랜드 파크 수영장에
잠을 덜 깬 화려한 열대꽃
뭉테기로 떨어지면

사랑에 취한 풍뎅이
새벽 물보라
유혹으로 일으키고

어두움을 쪼아 먹는 건
수빅만의 바람이 아니었다

가난처럼 습관이 된
새들의 소리로
벌거벗은 아침이 온다

울돌목 바람소리

바람이 일어서고 있다

그믐을 사흘 앞둔 밤
지축을 흔들어도 양량이 차지 않는 미친바람이
우수영을 밤새 점령하고 있다

임진년 젊은 청춘들이
살아 돌아온 게다

우수영 병사도 이순신도
칠흑 같은 하늘에 숨어버렸다

남도 천릿길을 숨 가쁘게 달려왔지만
지척에서도 만날 수 없는
이십 리 울돌목 물소리 전설이 되고
아직은 전장터인데
나는 원균이 된다

나의 문학이 살아있음을 증명하지도 못한 채
불콰해진 강강수월래로 호곡한다

꺼이 꺼이
내 문학의 상주가 된다

사월의 동백이 요절하고 있다

이십페소의 이야기

이십페소
기껏해야 사백오십원이다

볼링이 진화되지 않은 채
공구르기 게임으로 남아 있는 건
문명이 DNA조작을 허락하지 않은 희망이고

구릿빛 피부가 탄력적인 아이가
아나로그 숫자로 점수를 기록하는 것은
아직 이 시대의 진실이다

돈을 내기 위한 약속이란
크든 작든 간에
팽팽한 긴장감이 앞서는 일

우리의 삶은 탄성이 제로는 아니지만
자알한다는 비아냥이 칭찬이 될 때
기껏해야 이십페소인데
참 간사한 마음이
줄줄 흐르는 땀이 된다

도마뱀

적도는
삼백육십오일 열대야

정글을 막 탈출한
모기들의 공포에

혼미한 밤 중
눈을 떠 보니

도마뱀 한 마리
부적처럼 꿈쩍않고 있다

하룻밤 동침하는 사이
모기들은 얼씬도 하지 않았다

세상에 기우였다

닭싸움

사랑을 위해서
깃털을 세우는 일이
수컷으로 살아가는 이유라지만

날개짓이 커질수록
또 다른 욕망이 꿈틀거리는 건
사람들이다

어차피 죽고 사는 건 명품도박일 뿐
생명줄 날선 청룡도 번뜩거릴 때
환호성이 일순 정지되면
한 푼의 조위금도 없는
붉은 선혈 낭자한 주검 앞에

사람들의 상기된 욕설만이
바람처럼 빠지고 있었다

콩대가리

사람의 머리가 콩대가리이다

훈민정음 해례에 콩은 대두大豆라 했다
콩 두豆와 머리 혈頁이 머리頭가 되었으니
하나의 우주 속에 두 개로 나누어지는
콩대가리는 태극이다

하늘이고 땅이다
생명으로 일어서는 인간이고
깨달음이다

콩의 사상은 평화요 자유이지만
콩은 음양이 하나로 합친 상태가
진실로 크다하여 태太라 했고

남자와 여자의 사랑하는 일도
콩깍지가 눈에 씌워지면서
비로소 시작된다

하여 갓 시집 온 여자가 곧 콩대가리다

대가리

저녁 장사 준비를 하던 참이었어

중앙슈퍼 아저씨는 사실은 지독한 대머리거든 완전 자체발광이지 밤일을 너무 밝혀 마누라가 그만하라고 밀어내는 통에 대머리가 되었다고 친구들이 놀려대도 예끼 이 사람아 하고 허허 웃어넘겨 사람 좋다는 호가 났지 그런데 늘 있을 수 있는 일이지만 하필이면 그날따라 모기 한 마리가 땀이 번질번질한 대머리에 자발스럽게 달라붙었어 성질 급한 삼수갑산 언니가 지도 모르게 대머리를 손바닥으로 팍 친 게 오늘 사단의 시작이야

껌을 질겅질겅 씹고 있던 밍키 야식집 언니가 깜짝 놀라 "야, 니는 왜 어른 대가리를 치고 그라노" 하며 불쑥 내질렀어 그 때 약방 감초처럼 낄 때 안 낄때 잘 나서는 회사랑 언니가"야, 밍키야 니는 어른보고 대가리가 뭐꼬" 하고 퉁을 주는데 가재도 게 편이라 회사랑 아저씨가 "놔또라 무식한기 지껄이는데" 한 거야 허 참… 갑자기 덤불싸움이 되어버렸어 그렇잖아도 회사랑네 하고는 그렇고 그런 사이였는데 성질 더러운 밍키가 가만히 있었겠어 그래 무식하다꼬 내 무식한데 니가 뭐 보태준 게 있나 악다구니를 퍼

붓는데 말릴 수도 없고

결국 대가리란 말이 문제였는데 눈치만 보고 있던 기린 주점 민아가 인터넷에 대가리를 쳐 보더니만 "언니야, 그건 밍키 언니가 잘못했어 대가리는 새나 닭 그런 아들한테 쓰는 말인데, 아니 잠깐만 사람의 머리를 속되게 부르는 말도 되네"순간 의기양양해진 밍키와 쪼끔 머쓱해진 회사랑은 서로 분이 풀리지 않아 거품을 물고 다시 육두문자에 싸가지 없는 년이라고 삿대질을 하는 거야. 그러다 보니 정작 대가리를 친 삼수갑산은 오뉴월 보리방귀처럼 슬며시 빠져버리고

어쩔거나 어쩔거나
중앙슈퍼 아저씨는 애꿎은 대가리만 만지고 있었어

김오대金正大

오랫만에 고향엘 갔었어

술병이 스물 두병이나 비어졌을 땐 이미 새벽바람이었어 Y담도 시들해지고 대충 판이 끝날 무렵 입심 좋은 이마담이 웃기는 얘기 한 번 한다는 거야 주먹잽이 세계에서는 별 볼일 없었던 김홍기는 원래 김정대 수하의 똘마니로 소싯적부터 웨이터 일을 했었는데 그 바닥에서 잔뼈가 굵다 보니 큰 집에도 수시로 들락날락 했다는 거야 어느날 친구가 읍내에서 가요주점을 오픈한다고 해서 가다마이를 빼입고 빤질빤질하게 무스로 머리도 넘기고 한껏 멋을 내고 갔었는데 입구부터 쭉 늘어선 수많은 화환들을 보고 눈이 휘둥그레진 거야 그 중에서도 김정대金正大가 보낸 화환이 제일 크고 멋져부렀어 촐랑거리던 홍기 이놈이 떡 하니 그 앞에 서더니만 딴에는 가오다시 세워볼라꼬 발로 화환을 툭툭 차면서 아는 체 하는 풍신이 "쓰발, 이 새끼가 누구야 허 좆나게 큰 거 보냈는데" 씨부렁거리면서 어, 그래 "김..?..대"

그랬어 아무리 양아치라고 해도 제 성과 같은 김金은 아는 글자이고 대大자도 문신을 새겨 봐서 알겠는데 정작 가운데 있는 정正자는 한참 머리를 굴려도 모르겠는거야 뻴개

진 얼굴로 궁시렁궁시렁하다가 마침 웨이터 시절 장부정리할 때 맥주병 적던 버릇이 퍼뜩 떠올랐어 한병一, 두병丅, 세병下, 네병正, 다섯병正 그래 맞어, 오五자야 그때서야 홍기 이 놈이 의기양양하게 하는 말이 "김오대 이 씹새끼 대체 어떤 놈이야" 하더라나

근데 오빠 절대로 실명은 쓰지마 그럼 난 문 닫아야 하거든

나이롱환자

사고나기를 기다렸던 걸까

사냥감을 찾은 하이에나처럼
싸이렌 울리며 경찰차보다 빠르게
불법유턴으로 중앙선을 넘어 온 견인차

친절하게 구급차 부르고
렌터카가 왔지만
내 발로 병원에 왔다

사흘밤이 지났는데도
보험사에서도 병원에서도
퇴원 명령을 받지 못했다

마음이 편치 않다
도덕과 양심의 차이가
생선가시가 되어 목에 걸린다

현대의학으로는
어떠한 정밀판단을 해도

나는 겉이 번지르르한 나이롱환자이다

집으로 가고 싶다

나이롱환자 되기

주민등록번호를 입력하면
성인 인증도 간단하게 통과되는
불법 영상물처럼

응급실을 거치지 않고
목뼈 갈비뼈 복장뼈 염좌 및 긴장이
나의 진단이었다

인터넷 검색창에서는
검색만 해줄 뿐 책임이 없지만

사람들은 어떻게 환자가 되고
합의를 봐야 하는지
그 방법을 친절하게 알려준다

교통사고 후유증은
하룻밤 자고 나봐야 알 수 있는겨
낭패보지 말고 입원해야 되는겨
무조건 뒤집어쓰고 들어 누워야 하는겨

그냥 뻐근할 뿐인데
못 견디게 아프지도 않은데
때마다 약이 나온다

그나마 약을 복용하지 않으면
나는 진짜 나이롱환자가 되고 만다

세상이 미친 나이롱환자

어차피 살아간다는 건 거래이다

나이롱환자가 된 지 일주일
헛웃음 한 번 했더니
구십팔만원
일주일치 몸값이다

스무닷새 지나고
보험사 지급내역은
자동차 수리비 육백오십만원
렌터카 사용비 육백오십만원 이란다

아니 세상에 이렇게 뻥을 쳐도 되는 건가
내 몸값은 하루 칠만원인데
그 놈의 렌터카는 삼십일만오천원
말도 안 돼
일주일이면 다 고칠 수 있다는데도
세상은 위증을 하고 있는 게야

미쳤어 모두 미친 거야

눈 먼 돈에 보험사도
끝내 내 편 들기를 하지 않고
은밀한 커넥션으로 세상이 한 통속이 되었지만

나는 못해
사람 목숨보다 돈에 환장한
그런 세상 정의에는 동의할 수 없어

나만 나이롱환자인 줄 알았더니
제기랄 염병할 놈의 세상이
나보다 먼저 고급 나이롱환자가 되어있네

대전역은 벤자민* 버튼의 시계이다

영시 오십분 목포행 완행 열차가 방금 떠나고 있었어

안경이 없으면 당달봉사처럼 서너 발짝 앞의 사람도 알아볼 수 없었던 학수가 그 날 술에 진탕 취한 채 역 광장에 넘어져 벗겨진 안경을 찾지 못하고 마지막 통학 열차를 놓쳐버린 건 순전히 그의 첫사랑 영숙이와 헤어진 후였지 녀석은 그 때 한창 유행하던"나는 못난이"를 십팔번지로 달고 살았어 아마 서른일곱 해 전 가을이었을게야 그런데 말이야 오늘은 쉰도 넘기지 않은 우리 엄마가 아침밥도 거른 채 경상도에서 쌀 한말을 이고 청승스럽게 대전역 플랫트홈을 나서고 있네 가난한 양식이지만 나는 얼른 마중을 가야겠어 아직도 가락국수가 김이 모락모락 나고 있거든 그래 내 젊은 날들로 만나지는 대전역은 지금쯤 벌써 늙어버렸어야 하는데도 자꾸만 젊어지고 있는 거야 벤자민 버튼의 시계처럼 거꾸로 가고 있어

브래드피트가 된 나는 지독한 치매에 걸리고 말았어

*벤자민 버튼 ; 위대한 개츠비의 작가 F. 스콧피츠제럴드의 단편소설 데이빗핀처 감독 브래드피트 주연의 영화로 각색

노잣돈

계족산 임도 삼거리

도시공원 내에서 노점상을 하면 5년 이하의 징역 또는 과태료 처분을 한다는 표지판을 바람막이로 증약막걸리 한 잔에 천원씩 파는 그니는 백발이 성성하지만 심심풀이로 던지는 말마다 육두문자다 그런 그가 안쓰러워 걱정을 할라치면 씨발놈의 세상 먹고 살려고 하는디 어떡할껴 도둑질 하는 것보다야 낫잖우 내 죽을 때 노잣돈이라도 보탤라꼬 대가리 허연놈이 이 짓을 하는디 글쎄 어쩌겠소 하면 판사놈들도 기껏해야 두어달밖에 안 때려 그럼

오늘도 막무가내인 그니는 배짱 반 공갈 반이다

소야* 박선규 총재님 영전에

소야 총재님
오늘 총재님을 떠나보내는 날
한 우주가 내려앉습니다
잎새 하나 조용히 지고 있습니다

고향집 뒤란 대숲의 수런대는 바람소리가
가을 억새꽃을 흔들고
마른 수숫대 위에 걸쳐놓은 그 많은 인연의 날들을
하현달이 지우고 있습니다
그 하얀 달빛이 아픈 가슴으로만 달랠 수 있다면
보내고 그리워하는 이별이 슬픔만은 아니겠지요

총재님과 함께 했던 지난날들이
찬란한 눈물로 다가옵니다
햇살고운 가을날마저 비를 뿌리고 있습니다
온통 천지에 슬픔 뿐입니다

총재님
늘 건강하실 줄 알았는데
백년이고 천년이고

그 인자하신 미소로 우리들 곁에 계실 줄 알았는데
참으로 황망하기 이를 데 없습니다

언제나 당신보다도
당신의 가족들보다도
우리 로타리안들에게 더 살가우셨던
우리 이웃에게 더 너그러우셨던 총재님
그런 당신의 종교는 로타리였습니다

"모든 것을 다 주어라 이 세상을 떠날 때 남는 것은
남에게 준 것 뿐이다"

총재님은 글로써 말로써 다 할 수 없는
우리 시대의 진정한 봉사와 나눔을 실천하신
큰 산이었으며
유장한 강물이었습니다

어찌 봉사뿐이겠습니까
총재님의 한 평생은 허투루 버릴 것이 하나도 없지요
크게는 국가와 민족의 미래를 위해

남북적십자 회담 수석 대표로
가난했던 이들을 위해 인술을 배푸신 명의로
과학입국을 염원하며
과학영재들을 위한 장학재단을 만드시고
칠순이 넘으신 나이에도
가야금과 그림으로 문화와 예술에도 몰두하셨지요

그리고 우리 회원 모두에게
그림과 글씨들을 일일이 써주셨읍니다
어린 저에게도 거무巨無 인형仁兄이라 불러주시며
천상천하 유아독존 이라고 글을 주셨지요
해마다 신년이 되면 연하장도 보내주시고
저의 가정 대소사에도 꼭 찾아주시며
격려와 칭찬으로 제 어깨를 다독여주시던 총재님

그래요,
총재님과 보낸 지난날들이
저에게는 너무나 큰 영광이었습니다
한없이 자랑스러웠습니다
너무나 행복하였습니다

총재님이 계셔서
총재님의 이름만으로도
우리 대전로타리클럽은 빛이 났습니다
그러나 그러나 총재님이 계시지 않은 지금
우리 대전로타리클럽은 이제 어찌해야 합니까

소야 총재님
"생전에 생자필멸이요, 회자정리"라고 하셨지요
서로 만나고 사랑하고 헤어지는 것이 인생의 서러운 일입니다
총재님과 평생을 함께 해주신
영부인님의 지극한 사랑 앞에
고개가 숙여지며 다시 눈물이 납니다

이제 다시 만날 수 없는 이별 앞에
우리 모두의 슬픔 가득한 눈물에
또다시 하늘이 무너지고 억장이 무너집니다

우리들만이 총재님을 잃은 것은 아니지요
우리 시대에 큰 어른을 떠나보내고 말았습니다

그러나 우리 모두는 총재님을 존경하는 마음으로
살아남은 자의 몫을 다하겠습니다

높고 푸른 가을 하늘같이
청정한 품성을 가지신 소야 총재님
우리가 이제 당신을 닮겠다는 약속으로
작별 인사를 드리렵니다

소야 총재님 당신은
우리들 가슴속에 영원히 빛나는 별이 되실것입니다
부디 편히 눈을 감으소서

* 박선규 총재의 호
1916년 12월 19일 홍성 출생. 박외과의원 원장, 남북적십자본회담 대표, 한국로타리총재단 의장, 의학박사, 명예이학박사, 국민훈장 모란장, 5.16민족상, 대한적십자 봉사상 금상, 2011년 10월 21일 별세.

우리들의 내일을 위해

— 충남대 화학공 · 교육학과 50주년을 기념하며

1959년
우리에게는 훌륭한 선배도 후배도 없었다

운명보다 열정이 더 강한 Entropy
스스로 작아지지 않으려
날마다 큰 뜻 품어 뿌리를 내리던
아! 스무살의 설레임

선화동 도청 뒤 가건물
학문의 터에는
녹슨 천칭 하나였다

그래, 그것이 맨 처음 우리의 시작이었다

등록철이 되면
허리가 더 휘어지시는 아버지
수심 가득한 어머니 생각으로

4.19 함성에도

5.16 혁명에도
장화를 신지 않고서도
문화동 허허벌판 흙탕길
테미고개를 넘었다

시약 냄새가 코를 찌르는 창고같은 실험실에서
부스스한 머리에 흰 가운을 걸치고
에틸알코올에 구연산을 타 마시던
젊음이 용솟음치던
우리의 억센 우정

허망한 봄 날 꽃잎이 뚝 뚝 지면
이제는 흑백의 추억으로 다가온 실루엣
다시 그 날이 온대도
Love가 아닌 Like
더 아름다웠어야 하는데
더 사랑했어야 하는데

그리고, 50년
이제 우리는 구경꾼이 아니잖은가

혼자 힘으로는 아무것도 할 수 없다
해낼 수 없다
함께 해야 한다
그래야만 해낼 수 있지 않은가

우리가 영원한 선배가 되고
대덕의 훌륭한 전통의 창시자가 되어야 하리니
우리는 충남대 화공과를 대표하는 똑같은 주인이라는 걸
그리하여 미래를 위한 공동의 주주로
살아가고 있음을 기억하라

“벤자민 버튼의 시계”처럼
우리의 삶이 뜻대로 되지 않는데도
아무리 사는 게 바쁘더라도
나 때문에 더욱 초라해진 부모님을
한시라도 잊은 적이 없는 것처럼

학문의 고향
어머니의 품이 아니던가
우리가 더 자랑스러워해야 한다

최고만이 아름다운 세상은 아니지 않는가
이제 우리가 다시 최초가 되자
우리들의 내일을 위해 우리들의 오늘을 바치자

그대, 2700여 동문이여 영원하라
그대, 충남대 화공인이여 영원하라

작품평설

새로운 시각으로 보여주는 사랑학의 진한 화폭

— 권득용 시인의 작품 세계

文 熙 鳳

(시인·대전문인협회장)

1.

권득용 시인의 근작시의 두드러진 특징 중의 하나는 점액질 같은 사랑에의 개성적인 접근이다. 시적 진술이 유연하고도 감칠맛 나는 수사학에 이르고 있다. 밀도 있는 수사학의 완성으로 시의 계단에서 이탈하지 않고 내일을 환하게 장식하고 있다.

시란 삶 속에서 유효하게 가동되는 진실을, 별것일 수 없는 일상의 단면을 온 것으로 담아내는 것이어서 우리가 미처 돌보지 못한 것들이거나 사소해서 지나쳐버리는 것들을 온전하게 보듬어 간직하는 것이다.

권 시인의 세 번째 시집 '백년이 지나도'는 시적 화자와 통일된 몸을 향하면서 자신만의 고귀한 사랑학을 누에고치처럼 술술 풀어놓는다. 다양하게 펼쳐지는 개별 의식을 통해 시인 자신의 존재 근거이자 궁극적 귀의처가 되는 일종의 사랑에 대한 근원을 완성한다. 삶의 깊은 체험이 주제와 언어 속에 드러나고 작품을 쓰는 태도가 진지하며 표현도 힘차다.

이러한 근원적 자기 기억을 구체적 형상으로 환기함으로써 인간 존재의 형식에 대한 질문에 확실한 답을 하고 있는 것이다. 새로운 감각과 언어를 통해 보여주고 있는 사랑학의 진한 화폭이다.

오월이 오면 아버지 어머니 생각에 자꾸만 눈물이 나고, 하얀 이팝꽃을 닮은 아내가 안쓰러워지고, 보면 볼수록 짠한 마음이 들며, 아들 딸 때문에 가슴이 늘 서늘해진다. 하루를 마감하는 시각 같은 동에 불이 켜진 집은 서넛뿐이다. 컴컴한 저 공간 속에서도 사람들은 가족들과 함께 행복을 꿈꾸고 있을 거라 생각하고 있다. 그러면서 자신도 이제 불을 끄고 신이 만들어주신 가족인 빛나는 별을 만나야 한다고 말하고 있다.

부모님, 조부모님을 비롯한 내 조상들은 자손 모두의 엄연한 삶의 뿌리이며, 태산처럼 영원한 마음의 고향이다. 권 시인은 내리사랑의 전형인 조부모님, 부모님을 사모하고 존경하는 갸륵한 마음이 남다르다. 어머니의 마음을 미루어 짐작하는 예리함이 있다. 그래서 에미 노릇 못한 것이 천추의 한이 되어 별이 되었다. 그러면서 학처럼 천 년을 살아도 눈부신 사랑을 해야 한다고 주장한다.

방을 나서려는데

문득
눈에 띄는
효자손

불현듯
어머님 고운 얼굴이
떠올라

차마
돌아서지 못합니다
—「차마 돌아서지 못하고」 전문

어머니의 유품이 권 시인의 발길을 잡는다. 아버지의 모습을 닮은 박태기꽃을 보며 '아버지, 당신의 성성한 백발도 눈이 부시는 아름다움'이라 노래한다. 어려운 환경에 처했을 때 슬기롭게 이겨냈던 박태기의 비상하던 꿈은 바로 아버지 당신의 삶이었다고 술회한다.

가지 끝에 심어둔 희망들이
비상하던 꿈이
나비의 날개 짓으로 스러지더라도
한시도 생명의 끈을 놓은 적은 없었지요

그래요
아버지 당신의 삶도 그러하셨거늘
—「박태기나무 꽃 2」 일부

아버지에 대한 불효, 아무리 잘해드렸던들 회한으로 남는 건 매한가지 아닐까. 그래서 시인은 '아버지 용서하소서, 천번 만번 용서하소서'라고 엎드리고 엎드리며 창백하고 두툼한 두 손이 다 닳도록 빌고 또 빌고 있다.

언제까지나
당신의 종속변수인 줄 알았는데
당신의 몸 속에서 자라고 있는 암세포보다
몇천 배나 더 간악한 암 덩어리가 되어
당신을 집으로 모십니다
억장이 무너집니다
이제 우리는 당신에게 주홍글씨입니다

아버지 용서하소서
천번 만번 용서하소서

—「천번 만번 용서하소서」 일부

고작 팔십 생애에 희로애락을 싣고 각축하다가 한 움큼 부토(腐土)로 돌아가신 아버님을 생각하면 의지 없는 자식의 마음은 암연(暗然)히 수수(愁愁)롭기 짝이 없을 것이다. "부단한 날개 접으시고 편히 쉬시옵소서."라고 말할 밖에는 달리 표현할 방법이 없었을 것이다.

생시처럼
상 차리느라고 수고했네
잘 먹었네
고맙네 하시며

당신은 환하게 웃고 계시지만

아내도 나도 실어증에 걸린
적막하기만 한 겨울 아침이네요
— 「아버지의 생일」 일부

이 세상 소풍 끝내고 돌아가신 후 첫 번째 맞이하는 생신 날, 무슨 할 말이 있을까? 자식은 실어증에 걸려 그저 바라만 보고 있을 뿐이다. 아버지 소일거리였던 화투 한 목, 그리고 동전 낱개들, 모두 합하니 1520원, 그 속에 아버지의 모든 것이 담겨 있다. "무지한 부모는 자녀를 매로 다스리고, 훌륭한 부모는 말로 다스리고, 위대한 부모는 심장으로 다스린다."고 했는데 아마도 권 시인의 부모님은 세 번째에 해당되지 않을까 하는 생각이다.

2.

제2부의 '백년이 지나도'는 시집 제목이기도 하려니와 부부애의 전형을 노래하고 있어 주목 받는 시 중의 하나다. 부부는 항상 서로 마주보는 거울과 같은 것이다. 부부는 평행선과 같다. 부부는 무촌이다. 부부는 반쪽과 반쪽의 만남이다. 부부는 한쪽 발 묶고 같이 걷는 사람이다.

내 청춘의 광장에 초대된 그대, 내가 뛰어들 수 있는 사랑의 바다가 있다는 것은 놀라운 기쁨이다. 나는 그대에게 이미 사랑의 화살을 당겼다.

당신을 사랑하는 사람이 하나도 없다면 그건… 내가 이

세상에 없는 까닭일 거다. 당신이 날 사랑해야 한다면, 오직 사랑을 위해서만 사랑해 달라. 그리고 부디 "미소 때문에, 미모 때문에, 부드러운 말씨 때문에 그리고 또 내 생각과 잘 어울리는 재치 있는 생각 때문에 그래서 그런 날엔 나에게 느긋한 즐거움을 주었기 때문에 당신을 사랑한다." 고는 정말이지 말하지 마라. 오직 사랑을 위해서만 날 사랑해 달라. 그대와 함께 있으면 전부가 사랑인데 또 무엇을 바라겠는가?

부부간의 사랑은 신의, 배려, 베풂에서 비롯되는 것이겠다. "우리 부부 제대로 살고 있을까? 한 번만이라도 우리 부부 제대로 살고 있는 거야? 나는 제대로 살고 있는 거야?" 라고 의문을 던지며 살아가는 부부들도 있다고 들었다.

권 시인의 가정에선 이런 질문은 웃음거리밖에 될 수 없을 것이다. 누구나 "불행에서 벗어날 수 있는 것이며, 불행을 예방할 수 있는 것이다."라고 말해주는 것 같다. 아내의 실명이 그대로 노출되어 나타남으로써 아내에 대한 사랑의 도(度)를 진하게 더해준다.

남자는 성공하면 십중팔구 한눈을 판다는데 권 시인은 그런 얘기하곤 절대 무관한 사랑을 한다. 그런 사랑학은 아내를 위한 장편의 시 'I love young mi' 속에 모든 것이 다 담겨 있다. 그러니 아내는 이끼이고 참나리가 되는 것이라고 감히 말할 수 있나 보다. 보잘것없는 것이라 생각하는 야생초, 그 끈질긴 생명력에 고개를 숙이게 된다. 그건 다

름 아닌 베풂으로 축조된 성이 아니겠는가?

그래
생명이 있는 것들은
모두 아름답지만

평생토록
나를 울렁이게 하는
꽃

아내는
이끼고
참나리다

—「아내 1」 전문

젊었을 적 불 같았던 성미(性味), 나이 들어가며 제풀에 꺾이는 모습을 보니 가슴이 찢어지는 아픔을 느낀다. 아내가 오히려 권 시인을 보고 측은해 한다. 그런 아내이기에 '법화경'은 가족들을 모두 부처로 만들어 준다.

당신은 기품 가득한 금강송이다
지고지순한 학이다
정갈한 조선의 정경부인이다
우린 푸른 달빛에도 일렁이는 사랑이다

어찌 천상의 사랑만이 아름다우랴
당신이 금쪽같은 당신이
다시 내 영혼의 불을 지핀다

사랑의 화인을 찍는다

당신만이 나의 사람이다
—「당신만이 나의 사람이다」 일부

만나기 전까지 날 수 없었던 시인은 외눈박이 비익조였다. 당신을 만나고 나서 완전한 기러기가 되었다. 당신은 기품 가득한 금강송이고, 지고지순한 학이며, 정갈한 조선의 정경부인이다. 그러니 "당신만이 나의 사람이다."라고 단언해서 말할 수 있는 것이겠다.

아마도 권 시인의 아내는 "나는 몽당연필이 되고 싶다. 낡은 전축이 되겠다. 당신의 정원에 가득가득 채워질 청포도가 되겠다. 기다림에 익숙한 당신의 사람이 되겠다. 향기로운 꽃이 되겠다. 한 그루의 나무가 되겠으니 어서 당신은 작은 램프가 되어 어두운 내 가슴을 비춰 달라."고 화답하지 않을까? 사물을 보는 시각이 다른 사람과는 본질적으로 같지 않음을 말해주고 있다.

삶이란 부족함을 채우는 일이다. 넉넉함으로 행복해지는 일이다. 아내의 사랑은 천년의 향기로 리필이 된다. 당신 생각만하면 작은 근심 하나도 어디론가 사라지고 어느새 가슴속엔 당신의 사랑스런 모습에 행복만이 가득하다.

내 사랑의 언덕배기에서
아침마다 내 등을 닦으며
지고지순한 사랑을 빚는다

강물 위에 빛나는 윤슬로
내 영혼을 일으켜 세우는
천상의 바람

오늘도 아내의 사랑은
천년의 향기로 리필이 된다
—「아내의 사랑은 리필된다」 일부

가족에 대한 각별한 애정을 표출하고 있다. 바람 많은 가을 강가에 서로 어깨를 기댄 채 살아가는 갈대이었음 좋겠다는 생각을 하고 있다. 당신을 만난 자체가 행복이다. 내 삶의 끝자락에 사랑으로 다가온 당신은 내가 살아있는 이생에 마지막 사랑이고 싶다. 장미꽃이 아름다운들 당신 미소만큼이나 더 어여쁘고 아름답겠는가? 당신은 내 마음에 사랑꽃이며, 가슴속 깊은 곳에 끝도 없이 솟아오르는 사랑의 샘물이다. 당신을 정녕 사랑한다. 사랑의 고차원 방정식의 해법은 존경, 배려, 베풂이라 누누이 말하고 있다. 이 세상에서 마지막으로 나를 안아 준 사람이다. 내 눈물 닦아주며 가슴으로 함께 울어 준 사람이다. 보잘것없는 내 삶 속으로 들어와 작은 등불 하나 밝혀 준 사람이다. 눈부신 세상이 있다는 걸 처음으로 느끼게 해준 사람이다. 이상의 것들은 '천생의 연이라 해도', '이제 그대의 별이 아니고', '백년이 지나도'를 통해 표출하고 있는 권 시인만의 독백이다.

3.

숲에는 산소가 풍부하다, 도시보다 2%가 많다는 학술자료를 본 적이 있다. 나뭇잎은 뒷면의 기공을 통해 미세먼지, 방사능 물질, 매연, 이산화탄소 등을 흡수해내는 환경정화의 선두주자이다. 의학적으로 치료할 수 없는 말기 암환자도 숲속에서 자연생활과 식사요법으로 치료했다는 사람도 심심찮게 들려온다. 숲이 아토피 환자에게 좋다는 보고는 헤아릴 수 없이 많다. 숲은 네 계절 언제 찾아도 좋다, 녹음 짙어가는 봄이나 여름은 더 없이 좋은 계절이다. 피톤치드 발산량이 많기 때문이다. 산에서 노는 기분으로 산책을 즐기기를 권한다. 걸으면 육체 운동이 되어 좋고, 피톤치드를 마음껏 마실 수 있으니 몸과 마음 건강에도 좋다.

주변에 산이 많이 있어 좋은 나라가 우리나라다. 자주 산에 오르자. 그러면 휴일 날 집에서 소파에 누워 T.V 연속극에 심취하는 것보다 훨씬 몸도 가벼워지고 마음도 평온해질 것이다.

권 시인의 환경에 대한 특별한 관심(사랑)이 독자들의 시선을 끈다. '(주)푸른 환경'의 대표로서 환경에 대한 관심이 남다르다. 지구 온난화를 걱정하고 있다. 북극의 얼음은 녹아내리는데 권 시인은 할 일이 무엇인가를 안다. "세상에 먹을 것을 것이 없어졌다면 어찌 하겠는가? 너무나 심각한 사태 앞에 우리 인간은 어찌 해야 할 것인가?"라는 물음을 던지고 답을 구하고 있다. '환경위기의 시계', '아무도 나를 먹지 않는다', '생태맹', '소방귀세' 등에서 말이다.

그렇잖아도
바쁜 세상

그까짓 나무 새 꽃 물고기 벌 나비
흔해빠진 풀 이름 하나쯤 모른다고
세상이 어찌되는 건 아니겠지만

멀쩡한 내가
어쩌다 자연의 귀머거리가 되고
말 못하는 벙어리가 되고
보고도 모르는 청맹과니가 되었는지

세상이 혀를 찰 노릇이다

—「생태맹」 전문

색맹만 걱정할 것이 아니라고 한다. 색맹이 아닌 생태맹은 어찌 하겠는가? 왜 자연의 귀머거리가 되고, 말 못하는 벙어리가 되고, 보고도 모르는 청맹과니가 되었는지 궁금해 한다. 세상이 혀를 찰 일이라고 한다. 일상의 이면을 신선한 시각으로 그리고 있다. 잔잔하고 단단하게 세상살이의 고랑을 파고 일궈내는 감수성이 돋보인다. 언어와 절제, 한 층 높은 도약, 발상이 참신하고 언어감각이 뛰어나다.

참 어처구니없는 밤
낮인 줄 알고 돌아다니다
항로를 잃은 철새들과
알에서 깨어난 바다거북새끼들이

육지로 기어오르면
매미들은 왜 그렇게 울어쌓는거야

이제 어떡할거야
제발 부탁이야
잠시라도 불을 꺼줘
별을 보게 해줘

나는 지금이라도 밤하늘 별을 따다 줘야 해

—「별을 보게 해줘」 일부

별이 보이지 않는 세상에서 별과 별들이 서로 만나지 못하고, 밤낮이 구별이 안 된다면 걱정이 아닌가? 바다거북새끼들이 육지로 기어오르다 며칠이나 견디겠는지 생각해 보아야 할 것이다. 처서가 지났는데도 모기가 극성인 것을 무엇으로 설명해야 할까?

으실으실하다

소태나무 한 그루로 서 있는 겨울이 지독하다
내 몸 속을 빠져 나오는 금속성 소리
발가벗은 바이러스는
탐욕의 재채기 숨길 수 없어
마찰음을 내고
꼴깍 꼴깍 침 삼키는
뱀파이어의 선홍빛 입술이
끈적이는 애액을 온몸으로 쥐어짠다

—「고뿔」 일부

건듯하면 고뿔 걸리게 되는 시인의 모습은 우리 모두의 건강 현주소를 말해 주는 것이 아닌가 생각한다. 환경오염의 피해, 지금 이 순간 깨달아야 한다. 환경에 대한 남다른 '사랑'이 여기에서도 나타나고 있다. 자연을 사랑하라고 권 시인은 우리 모두를 설득하고 있다.

'꽃 향기가 없다'를 통해 어쩌면 꽃향기가 벌 나비를 부르는 게 아니고, 벌 나비가 사라져 꽃의 향기가 덜 한지도 모른다는 말에 공감한다. 사랑할 수 없는 세상은 향기로울 수가 없다. 그래서 환경은 보호돼야 하는 것이라고 말한다. 눈사람이 대장암에 걸렸다면 어찌 하겠는지 권 시인은 독자들에게 묻고 있다.

수빙만은 지구온난화의 동영상이다. 우리가 지어 놓은 업보 앞에 무슨 할 말이 있겠느냐고 물어본다. 인공보다는 자연이 좋다. 순리대로 살아야 한다. 거꾸로 살아야 한다.

'하얀 농약 뒤집어 쓰다'에서 각박한 세상 인심에 애궂은 호박만 농약 세례를 받는다. 결국은 환경이 파괴되고 사람 사이에서도 신뢰가 깨지게 된다.

산성비도 아랑곳 하지 않는 요즘 사람들의 심성의 세태를 꼬집는다. 색도 냄새도 없는 저 순수의 덩어리가 저주스런 도회의 비가 된다고 경고한다. 이는 친정부모 부음에 머리 풀어 우는 광경 못 보는 것과 어찌도 흡사한지…. 바다라고 안전지대일 수는 없다. '이따이이따이' 병에 걸린 낙지 먹은 사람도 이젠 걱정해야 할 때가 되었다고 말하고 있다.

환경호르몬도 역시 무서운 것이라고 알려준다. 애인에게

보내야 할 문자메시지가 아내에게 가버렸으니 이걸 어찌하는가? 사랑도 불륜도 한 뿌리가 되었다는 데 이게 보통 문제인가? 좌장지(座藏之) 되어버린 남자의 '거시기'는 확실히 환경의 피해라고 단언할 수 있겠다. 수컷의 상징인 '거시기'도 퇴화해 버렸고, 수컷의 젖통은 처녀 가슴보다 크고, 뱃살 아래 작대기는 무말랭이가 되어 버린 것도 역시 환경호르몬 때문이라는 것이다.

4.

인생을 가장 멋있게 사는 방법은 가능한 한 많은 것을 사랑하는 것이 아닐까. 스탕달이 말했다. "사랑에는 한 가지 법칙밖에 없다.고. 그것은 사랑하는 사람을 행복하게 만드는 것이다."라고.

이 세상에서 가장 고귀한 것은 사랑이 아닐까 곱씹어 본다. 사랑이란 좋은 것이다. 고가치의 것이다. 진실이 담긴 말은 그의 가슴에 깊이 스며들어 영원히 기억된다. 후회 없는 삶을 보낸 사람들의 공통점은 자기 자신을 사랑한 것이라 한다. 인생을 가장 멋있게 사는 방법은 가능한 한 많은 것을 사랑하는 것이다.

남을 배려하고, 격려가 되는 말을 일상화하고 있다면, 당신이 바로 다른 사람들의 인생을 비추는 빛이 된다고 역설하고 있다.

저 작은 것들 좀 봐

파란 하늘을 닮고 있네

바위
나무
흙

거기, 생명의 자궁 열어놓고

하늘 아래
그대가 어머니가 되고
우주가 되고

누구라서 보잘것없다 하는가
이미 그대 삶에 이끼가 되어버린 나
—「이끼」 전문

보잘것없다 생각했던 미물, 생명의 자궁 열어 놓고 어머니가 되고 우주가 된다. 나는 이미 그대 삶에 특별한 의미를 갖는 미물이 되어버렸다. 미물이지만 성물인 것을 미천한 사람이 어찌 알 수 있겠는가?

다정한 가을이여
벌 나비 불러
내 영혼 씻김 굿 벌릴 때

눈에
보이는 사랑

보랏빛 향기만을

탐하지 마라

살아있는 것은
다 한 목숨이거늘

사람들아
그대 사랑
먼저 눈 닦고 볼 일이다

—「꽃향유」 일부

눈에 보이는 것만이 사랑이 아니다. 보랏빛 향기만 탐하지 마라. 살아있는 것은 다 한 목숨이거늘, 고차원의 사랑학을 보는 것 같다. 사랑은 리얼이고, 필링이고, 터치이다. 당신을 완전히 가질 수 없다면 반쪽이라도 갖겠다는 각오가 사랑을 만든다.

자연과 울돌목이 조화를 이루는 속에서 권 시인은 문학을 이야기한다. 문학은 좋은 것이다. 문학을 하면서 생의 보람을 느끼는 권 시인의 가슴은 그래서 따스함으로 충만돼 있다. 우리는 시다운 시, 수필다운 수필, 소설다운 소설 한 편을 낳기 위해 얼마나 많은 진통과 출혈을 거듭하는가? 인생의 골수를 깨고, 뼛속 깊이 흐르는 진액이 솟아난 글을 쓰기 위해 얼마나 많은 고통스런 밤을 지새우는가?

시를 읽는 소녀가 사는 마을은 향기롭다 했다. 시를 닮는 소년이 사는 마을은 싱그럽다 했다. 시를 쓰는 사람들이 사는 마을은 자유롭다 했다. 잘 삶아 건져놓은 국수가닥같이 매끈하고 목에 술술 넘어가는 미려하고도 감칠 맛 나는 글이라면 오죽 좋겠는가? 창작은 산고와 같다고 했다. 수태(受胎)는 확실히 신비하고도 환희로운 일이다. 권 시인은 이런 생각으로 울돌목만이 아닌 자연과 하나 되면서 문학을 생각하고 있다. 그러한 노력이 한 편의 시로 환생하여 이 시집에 얼굴을 내민 것이다.

적도는
삼백육십오일 열대야

정글을 막 탈출한
모기들의 공포에

혼미한 밤 중
눈을 떠 보니

도마뱀 한 마리
부적처럼 꿈쩍않고 있다

하룻밤 동침하는 사이
모기들은 얼씬도 하지 않았다

세상에 기우였다

—「도마뱀」 전문

모기와 도마뱀의 하룻밤 동침을 권 시인은 걱정하고 있다. 그런 걱정은 하나의 기우, 세상은 아무런 제동장치 없이 잘도 굴러가는데 말이다. 인간들의 사리사욕을 위해 대리전을 치루고 있는 닭들의 모습을 본다. 생기는 것 없는 처절한 싸움이다. 왜 싸우는 지도 모른다. 그들은 무대 위의 정신 나간 배우가 된다. 그렇게 싸움을 시켜놓고 인간들은 날선 혓바닥 낼름거리고 있다. 그런 모순된 사회를 권 시인은 꼬집고 있다.

5.

세상에는 아름다운 보석이 많다. 그 중에서 가장 아름다운 보석은 사랑하는 이들의 웃음이다. '웃음'이라는 것, 참으로 신비한 힘을 지녔다. 아침에 일어나면 '오늘은 좋은 날' 하고 큰 소리로 외치는 권 시인이다. 좋은 아침이 좋은 하루를 만든다. 거울을 보며 활짝 웃어본다. 그러면 거울 속의 사람도 나를 보고 웃게 된다.

'콩대가리', '노잣돈'을 통하여 고차원의 유머를 접할 수 있게 해준다. '콩대가리' 얘기를 하면서 "남자와 여자의 사랑하는 일도/ 콩깍지가 눈에 씌워지면서/ 비로소 시작된다."며 갓 시집 온 여자를 '콩대가리'라 일러준다. 웃음을 자아낸다.

'대가리'에 얽힌 얘기를 재미있게 풀어내는 솜씨가 마치 마술가 같다. 그 속에 웃음이 녹아 흐른다. 내가 왜 웃을 수 없는지 상상이나 할 수 있겠는가? 그 사람과 하도 웃어서 너무너무 행복해서 몇 년치 웃음을 그때 다 웃어버려서 지금 미소가 안 만들어진다는 걸. 웃음은 핵무기보다도 강하다고 했다. 웃음은 전염된다 했다. 감염된다 했다. 웃음은 정신의 보약이다. 그렇기에 우리는 웃음과 가까이 하는 삶을 살아야 한다.

> 마침 웨이터 시절 장부정리할 때 맥주병 적던 버릇이 퍼뜩 떠올랐어 한병一, 두병丅, 세병下, 네병正, 다섯병 正, 그래 맞어, 오五야 그때서야 홍기 이 놈이 의기양양하게 하는 말이 "김오대 이 씹새끼 대체 어떤 놈이야" 하더라나
>
> —「김오대(金正大)」 전문

고향에 갔을 때 겪은 일이다. '김홍기'란 사람이 '김정대(金正大)'를 '김오대(金五大)'로 바꿔 부르는 실수(?)를 범하는 장면을 묘사한 '김오대(金正大)'를 읽으면 배꼽이 두어자 늘어남을 느낀다.

교통사고 환자를 빗대 '나이롱환자'란 제목의 시도 역시 마찬가지다. '마음이 편치 않다/ 도덕과 양심의 차이가/ 생선가시가 되어 목에 걸린다.' 정의를 위해, 정도(正道)를 위해 세상을 이끌어가는 세심함이 엿보인다. 그것뿐이 아니다. 불의를 고발하는 자세도 여기저기서 강하게 나타난다.

게다가 추억의 대전역 '나는 못난이'를 십팔번으로 달고 살았던 학수가 기다릴 듯한 대전역을 '벤자민 버튼의 시계'라고 자랑하고 있다. 웃음에는 교훈이 있다. 깨달음이 있다. 세상의 바보들에게 화내지 않고 꾸짖을 수 있다. 무엇보다 긍정적 세계관을 심는다. 웃음은 기쁨을 준다. 건강을 준다. 웃자. 기뻐서 웃는 게 아니라 웃으면 기뻐진다.

권 시인의 시는 사랑을 빼고는 논하기가 어려울 정도이

다. 부모를, 자식을, 아내를, 자연을, 이웃을 사랑하자 한다. 사랑에 국경이 없다. 어느 것이건 사랑하자 한다. 그런 사랑을 매개로 상상력의 전개, 형상성의 풍부, 언어는 맛깔스럽고 재기에 넘친다. 시를 형성할 줄 아는 능력과 선명한 환기력을 보여주고 있다.

이 시집에 실린 시들은 한 편 한 편이 장미나 백합처럼 화려하고 탐스럽지는 않을지라도 마치 들꽃처럼 소박하고 자연스러우며 읽을수록 우러나는 삶의 진한 향내를 간직하고 있다.

그런 의미에서 나는 권 시인을 은유로 이루어진다는 시의 기본을 가장 충실히 지키고 있는 일급 언어예술가이며 언어조련사라고 말하고자 한다. 그렇다고 자만하지 말고 앞으로도 수압이 센 한국시의 해저에 끊임없는 잠수를 계속하여 가치 있는 보물을 많이 건져 올리는 시인으로 계속 활동해 주기를 바란다.

백년이 지나도

권득용 시집

발 행 일 | 2011년 11월 25일

지 은 이 | 권득용
발 행 인 | 李憲錫
발 행 처 | 오늘의문학사
출판등록 | 제55호(1993년 6월 23일)

주　　소 | 대전광역시 동구 삼성1동 125-6 한밭오피스텔 401호
전화번호 | (042)624-2980
팩　　스 | (042)628-2983
홈페이지 | http://www.lito77.co.kr(홈페이지)
전자우편 | hs2980@hanmail.net

ISBN 978-89-5669-466-5
값 8,000원